総本山第六十八世御法主日如上人猊下

# 御指南集 三十

## ―― 目　次 ――

# 凡　例

一、本書は『大日蓮』誌の令和三年九月号から同四年三月号までに掲載された、総本山第六十八世御法主日如上人猊下の御指南を抄録したものである。

一、各項の題は編集者がつけた。また読者の便宜のため、ルビ等を加筆した。

一、各項末には、御指南がなされた行事名と、『大日蓮』の掲載号およびページ数を記した。

一、本書に使用した略称は次のとおり。

　御　書　―　平成新編日蓮大聖人御書（大石寺版）

## ① 至心《ししん》に妙法を唱える

大聖人様は『法華初心成仏抄《ほっけしょしんじょうぶつしょう》』に、

「凡《およ》そ妙法蓮華経とは、我等衆生《しゅじょう》の仏性《ぶっしょう》と梵王《ぼんのう》・帝釈《たいしゃく》等の仏性と舎利《しゃり》弗《ほつ》・目連等の仏性と文殊《もんじゅ》・弥勒《みろく》等の仏性と、三世諸仏の解《さと》りの妙法と、一体不二なる理を妙法蓮華経と名づけたるなり。故に一度《ひとたび》妙法蓮華経と唱ふれば、一切の仏・一切の法・一切の菩薩《ぼさつ》・一切の声聞《しょうもん》・一切の梵王・帝釈・閻魔《えんま》法王・日月・衆星《しゅせい》・天神・地神・乃至地獄《ないしじごく》・餓鬼《がき》・畜生・修羅・人天・一切衆生の心中の仏性を唯《ただ》一音に喚《よ》び顕《あら》はし奉る功徳《くどく》無量無辺なり」（御書一三二〇㌻）

と仰せであります。

すなわち、大御本尊様に対し奉り、余念なく南無妙法蓮華経と唱え奉る者は、十界の衆生の心中の仏性が呼び顕《あらわ》され、我が色心《しきしん》が即、妙法の当体となって即身成仏できるとの仰せであります。

よって、至心《ししん》に妙法を唱える者は、広大無辺なる妙法の功徳によって、百人は百人、千人は千人ながら仏と成《な》ることができるのであります。

〈唱題行（七月三十一日）・令和三年九月号27ジペー〉

## ②唱題の功徳《くどく》と歓喜《かんぎ》で一天広布《こうふ》を目指す

大事なことは、私どもの唱題が、ただ唱題だけに終わってはならないということであります。

大聖人様は『持妙法華問答抄《じみょうほっけもんどうしょう》』に、

「願はくは『現世安穏後生善処《げんぜあんのんごしょうぜんしょ》』の妙法を持《たも》つのみこそ、只今生《ただこんじょう》の名聞《みょうもん》後世《ごせ》の弄引《ろういん》なるべけれ。須《すべから》く心を一にして南無妙法蓮華経と我も唱へ、他をも勧《すす》めんのみこそ、今生人界《にんがい》の思出《おもいで》なるべき」（御書三〇〇ジペー）

と仰せであります。

すなわち、自行化他《けた》にわたる信心こそ肝要《かんよう》であると仰せられているのであります。せっかく唱題によって積んだ功徳《くどく》を己《おの》れだけのものとせず、世のため人のため、折伏《しゃくぶく》を行じてこそ、大聖人様の御意《ぎょい》にかなった信心と言えるのであります。

故に、大聖人様は『南条兵衛《ひょうえ》七郎殿御書』に、

「いかなる大善をつくり、法華経《ほけきょう》を千万部書写し、一念三千の観道を得たる人なりとも、法華経のかたき《敵》をだにもせめ《責》ざれば得道ありがたし」

（同三二二ページ）

と仰せられているのであります。

どうぞ皆様には、唱題行で積んだ功徳と歓喜《かんぎ》をもって一天広布《こうふ》を目指し、世のため人のため、一切衆生《しゅじょう》救済の最善の方途《ほうと》たる折伏に励んでいただきたいと思います。

（唱題行（七月三十一日）・令和三年九月号28ページ）

## ③ 不幸と苦悩の原因は誤った宗教

今、新型コロナウイルス感染症が爆発的に蔓延《まんえん》し、末法濁悪《まっぽうじょくあく》の世相そのままに騒然《そうぜん》とした様相を呈《てい》しております。

しかし、かくなる時こそ、私どもは改めて『立正安国論《りっしょうあんこくろん》』の御聖意《しょうい》を拝し、一意専心、全力を傾注《けいちゅう》して折伏《しゃくぶく》を断行していかなければならないと思います。

大聖人様は『立正安国論』に、

「倩微管《つらつらびかん》を傾け聊《いささか》経文を披《ひら》きたるに、世皆正《みなしょう》に背《そむ》き人悉《ことごと》く悪に帰《き》す。故に善神国《くに》を捨てゝ相《あい》去り、聖人所《ところ》を辞して還《かえ》らず。是《ここ》を以《もっ》て魔《ま》来たり鬼《き》来たり、災《さい》起こり難《なん》起こる。言はずんばあるべからず。恐れずんばあるべからず(中略)嗟呼《ああ》悲しいかな如来誠諦《じょうたい》の禁言《きんげん》に背《そむ》くこと。哀《あわ》れなる

かな愚侶《ぐりょ》迷惑の麁語《そご》に随《したが》ふこと。早く天下の静謐《せいひつ》を思はゞ須《すべから》く国中の謗法《ほうぼう》を断《た》つべし」（御書二三四ジペー）

と仰せであります。

そもそも、世の中の不幸と混乱と苦悩の原因は、誤った宗教・思想にその原因があることは、既《すで》に大聖人様が『立正安国論』において明示されている通りであります。

〔八月度広布唱題会・令和三年九月号30ジペー〕

## ④鍛えに鍛えた信心

大聖人は『四条金吾殿御返事』に、

「きた《鍛》はぬかね《金》は、さかんなる火に入《い》るればとく《疾》とけ《蕩》候《そうろう》。氷をゆ《湯》に入るゝがごとし。剣《つるぎ》なんどは大火に入るれども暫《しばら》くはとけず。是《これ》きたへる故なり」（御書一一七九ページ）

と仰せであります。

日本刀のように何回も焼きを入れ、鍛えに鍛えた刀は、少しぐらいの衝撃では折れることはありませんが、鍛えていない、なまくらでは、少しの衝撃でも折れてしまいます。信心も同様、鍛えに鍛えた信心はいかなる困難や障害が惹起《じゃっき》しようが、ものともせず、むしろ、

「難《なん》来たるを以《もっ》て安楽と意得《こころう》べきなり」（同一七六三ジペー）

との御文の如《ごと》く、ますますその強さを発揮して、御奉公に励んでいくことができるのであります。

したがって、我々の仏道修行においても、かくの如き強い意志と断固たる行動をもって信心を鍛えていけば、大御本尊様の御冥加《みょうが》のもと、いかなる困難も障害も必ず乗りきっていくことができます。

されば今、我々は改めてこの御金言《きんげん》を拝し、一人ひとりが一天広布《こうふ》へ向けて自分のできる最大限のことをなすべく、努力していくことが肝要《かんよう》だと思います。

〔行学講習会開講式・令和三年九月号34ジペー〕

## ⑤ 実《まこと》の道に入《い》る者は少なし

大聖人は『松野殿御返事』に、

「魚《うお》の子は多けれども魚となるは少なく、菴羅樹《あんらじゅ》の花は多くさけども菓《このみ》になるは少なし。人も又此《またか》くの如《ごと》し。菩提心《ぼだいしん》を発《お》こす人は多けれども退せずして実《まこと》の道に入《い》る者は少なし。都《すべ》て凡夫《ぼんぶ》の菩提心は多く悪縁にたぼらかされ、事にふれて移りやすき物なり。鎧《よろい》を著《き》たる兵者《つわもの》は多けれども、戦《いくさ》に恐れをなさゞるは少なきが如し」（御書一〇四八ジペー）

と仰せであります。

この御文を拝する時、我々もまた、いかなる難事にも恐れることなく、本門戒壇《かいだん》の大御本尊への絶対信のもと、断固たる決意と勇気を持って、邪義邪宗の謗法《ほうぼう》の害毒によって苦悩に喘《あえ》いでいる多くの人々を救い、妙法広布《こうふ》に資していくことが、今も最も肝要《かんよう》であると知るべきであります。

〈行学講習会閉講式・令和三年九月号37ジペー〉

## ⑥法華経《ほけきょう》のかたき《敵》をだにもせめ《責》ざれば得道ありがたし

大聖人様は『南条兵衛《ひょうえ》七郎殿御書』に、

「いかなる大善をつくり、法華経《ほけきょう》を千万部書写し、一念三千の観道を得たる人なりとも、法華経のかたき《敵》をだにもせめ《責》ざれば得道ありがたし。たとへば朝《ちょう》につか《仕》ふる人の十年二十年の奉公あれども、君《きみ》の敵をしり《知》ながら奏《そう》しもせず、私にもあだ《怨》まずば、奉公皆《みな》うせ《失》て還《かえ》ってとが《咎》に行なはれんが如《ごと》し。当世の人々は謗法《ほうぼう》の者としろ《知》しめすべし」

（御書三二二㌻）

と仰せであります。

「いかなる大善」すなわち、この上ない善行、勝《すぐ》れた善根・功徳《くどく》を積んだ者であったとしても、また法華経を千万部も読み、書写し、一念三千の観心の法門を会得《えとく》した人であっても「法華経のかたき」すなわち、邪義邪宗の謗法を破折《はしゃく》しなければ、折伏《しゃくぶく》をしなければ、成仏得道《じょうぶつ》することはできない。それは例えば、朝廷に仕えている人が、十年、二十年と長年にわたって勤《つと》めてきたとしても、主君に敵対する者がいることを知りながら、主君にも知らせず、また私にも恨《うら》みに思わず、そのまま放置していたとすれば、せっかく積んだ長年の奉公の功績も皆、消えてしまい、かえって怠慢《たいまん》の者として罪に問われるようなものである。されば今、末法濁悪《まっぽうじょくあく》の当世の多くの人々は謗法の者と知り、折伏を行じていかなければならないと仰せられているのであります。

〔九月度広布唱題会・令和三年十月号12ジペー〕

## ⑦黙って見過ごしてはならない

『曽谷《そや》殿御返事』には、

「謗法《ほうぼう》を責《せ》めずして成仏《じょうぶつ》を願はゞ、火の中に水を求め、水の中に火を尋《たず》ぬるが如《ごと》くなるべし。はかなしはかなし。何《いか》に法華経《ほけきょう》を信じ給《たま》ふとも、謗法あらば必ず地獄《じごく》にをつ《堕》べし。うるし《漆》千ばい《杯》に蟹《かに》の足一つ入《い》れたらんが如し。『毒気深入《どっけじんにゅう》、失本心故』とは是《これ》なり」（御書一〇四〇㌻）

と仰せられ、一生成仏を願う私どもの信心において、大聖人様の正しい信心を妨《さまた》げる邪義邪宗の謗法を対治し、折伏《しゃくぶく》することがいかに大事であるかを御教示あそばされているのであります。

したがって、不幸の根源たる邪義邪宗の謗法を見ながら、知りながら、そのまま放置して責めもせず、折伏もせず、黙って見過ごすようなことがあれば、末法《まっぽう》の御本仏宗祖日蓮大聖人の教えに背《そむ》くことになり、成仏得道は思いも及ばないことになってしまう。それはあたかも、たくさんの漆《うるし》のなかに蟹の足一本を入れたようなものであると仰せられているのであります。

特に今、世界中が新型コロナウイルス感染症によって騒然《そうぜん》としている時、かくなる時こそ、私どもは不幸の根源たる邪義邪宗の謗法を破折《はしゃく》し、一切衆《しゅ》生《じょう》救済の秘法たる妙法の広大無辺なる功徳《くどく》を一人でも多くの人々に説き、一意専心、折伏を行じていくことが、最も大事であることを一人ひとりがしっかりと心肝《しんかん》に染め、講中一結・異体同心して、敢然《かんぜん》として折伏を行ぜられますよう心からお願い申し上げ、本日の挨拶といたします。

〔九月度広布唱題会・令和三年十月号14ページ〕

## ⑧謗縁《ぼうえん》を結ばせる時

大聖人様は『唱法華題目抄《しょうほっけだいもくしょう》』に、

「末代には善無《な》き者は多く善有《あ》る者は少なし。故に悪道に堕《だ》せん事《こと》疑ひ無し。同じくは法華経《ほけきょう》を強《し》ひて説き聞かせて毒鼓《どっく》の縁と成《な》すべきか。然《しか》れば法華経を説いて謗縁《ぼうえん》を結ぶべき時節なる事諍《あらそ》ひ無き者をや」

（御書二三一㌻）

と仰せであります。

すなわち、今日《こんにち》、末法《まっぽう》の本未有善《ほんみうぜん》の衆生《しゅじょう》に対しては、強いて妙法を説き聞かせて「毒鼓の縁」を結ばせるべきである。つまり「謗縁」を結ばせる時であると仰せられているのであります。

「毒鼓の縁」とは、既《すで》に皆様も御承知の通り、涅槃《ねはん》経に説かれている話で、毒鼓とは毒薬を塗《ぬ》った太鼓《たいこ》のことで、その太鼓をたたくと、その音は聞こうとしない者の耳にも届き、聞いた者は皆、死ぬと言われているのでありまず。これは、謗法《ほうぼう》の衆生に対して法華経を説き聞かせることは、たとえ相手が聞こうとする心がなく反対しても、これを耳にすれば法華経に縁することとなって成仏《じょうぶつ》の因となり、やがて逆縁によって成仏得道できることを毒鼓、すなわち毒を塗った太鼓に譬《たと》えているのであります。

また「謗縁」も逆縁と同じ意味で、法華経をいったんは誹謗《ひぼう》しても、それが縁となり、ついには成仏することができることを言うのであります。

〔十月度広布唱題会・令和三年十一月号19ジペー〕

## ⑨ 逆縁の功徳《くどく》

大聖人様は『上野殿御返事』に、逆縁成仏《じょうぶつ》について次のように仰せであります。すなわち、

「昔、インドに非常に嫉妬《しっと》深い女人がいて、夫を憎《にく》むあまり、ことごとに当たり散らし、家の物を壊すなど荒《あれ》れ狂《くる》い、その上、あまりの腹立たしさに、怒りを露《あら》わにして、亭主が毎日読んでいた法華経《ほけきょう》の第五の巻を両足で散々に踏みつけたのであります。その後、当然の如《ごと》くその女人は地獄《じごく》に堕《お》ちましたが、法華経を踏みつけた両足だけが地獄に入らず、獄《ごく》卒《そつ》が杖をもって打てども、どうしても両足だけが地獄に堕《お》ちなかった」

（御書一三五八ジペー取意）

という話であります。

これは同抄に、

「法華経をふみし逆縁の功徳《くどく》による」（同一三五九㌻）

と仰せのように、両足で法華経を踏みつけたことが逆縁となって、地獄に堕ちなかったということであります。つまり、成仏得道のためには、たとえ逆縁であっても法華経に縁することが、いかに大事であるかを教えられているのであります。

〈十月度広布唱題会・令和三年十一月号20㌻〉

## ⑩ 根気よく下種折伏《げしゅしゃくぶく》を

大聖人様は『法華初心成仏抄《ほっけしょしんじょうぶつしょう》』に、

「とてもかくても法華経《ほけきょう》を強《し》ひて説き聞かすべし。信ぜん人は仏になるべし、謗《ぼう》ぜん者は毒鼓《どっく》の縁となって仏になるべきなり」

(御書一三一六ジペー)

と仰せられ、とにかく謗法《ほうぼう》の者に対しては、根気よく下種折伏《げしゅしゃくぶく》を続けていくことが大事であり、たとえ反対されてもそれが「毒鼓の縁」となって、やがて入信に至ることができるのであります。

特に今、末法《まっぽう》は謗法が充満し、ために多くの人々が知らず知らずのうちに悪縁に誑《たぶら》かされ、邪義邪宗の害毒によって不幸の境界《きょうがい》から脱することができずにいます。こうした人々を救済していくためには、正像過時《かじ》の如《ごと》き摂受《しょうじゅ》ではなく、破邪顕正《はじゃけんしょう》の折伏をもってするのが最善であり、折伏こそ末法の一切衆生《しゅじょう》救済の最高の慈悲行であります。

なかんずく、昨今、緊急事態宣言は解除されたとはいえ、新型コロナウイルス感染症による騒然《そうぜん》とした様相を見る時、私どもは今こそ、持てる力のすべてを出して、一人ひとりの幸せはもとより、全人類の幸せと全世界の平和実現のために一天四海本因妙広宣流布《ほんにんみょうこうせんるふ》達成を目指して、断固として破邪顕正の折伏を実践していかなければなりません。

どうぞ皆様には、異体同心・一致団結して、全力を傾注《けいちゅう》して折伏を行じ、晴れて仏祖三宝尊《ぶっそさんぼうそん》の御照覧を仰がれますよう心からお祈りし、本日の話といたします。

〔十月度広布唱題会・令和三年十一月号21ジペー〕

## ⑪ かくなる時こそ、唱題・折伏《しゃくぶく》

今、新型コロナウイルス感染症が一時《いっとき》より下火になったとはいえ、いまだ油断ならない状況にありますが、かくなる時こそ、私どもはしっかりとお題目を唱え、

「早く天下の静謐《せいひつ》を思はゞ須《すべか》らく国中の謗法《ほうぼう》を断《た》つべし」

（御書二四七ジペー）

との御金言《きんげん》のままに、講中一結・異体同心して折伏《しゃくぶく》を行じ、妙法広布《こうふ》に邁進《まいしん》していかなければならないと思います。

大聖人様は『持妙法華問答抄《じみょうほっけもんどうしょう》』に、

「『三界は安きこと無し、猶《なお》火宅の如《ごと》し』とは如来の教へ『所以《ゆえ》に諸法

は幻《まぼろし》の如く化の如し』とは菩薩《ぼさつ》の詞《ことば》なり。寂光《じゃっこう》の都《みやこ》ならずば、何《いづ》くも皆《みな》苦なるべし。本覚の栖《すみか》を離れて何事か楽しみなるべき。願はくは『現世《げんぜ》安穏後生善処《あんのんごしょうぜんしょ》』の妙法を持《たも》つのみこそ、只今生《ただこんじょう》の名聞《みょうもん》後世の弄引《ろういん》なるべけれ。須《すべか》らく心を一にして南無妙法蓮華経と我も唱へ、他をも勧《すす》めんのみこそ、今生人界《にんがい》の思出《おもいで》なるべき」（同三〇〇ジペー）

と仰せであります。

この御金言を拝する時、私どもは値《あ》い難《がた》き生をこの世に受け、さらに値い難き妙法に巡《めぐ》り値えた身の福運を心から喜ぶとともに、この妙法を一人でも多くの人々に伝え、折伏していくことが、いかに大事であるかを知らなければなりません。

〔十一月度広布唱題会・令和三年十二月号24ジペー〕

## ⑫ 一天広布《こうふ》の達成へ向けて

本年「報恩躍進《やくしん》の年」は、仏祖三宝尊《ぶっそさんぼうそん》への御報恩謝徳のもと、僧俗一致・異体同心し、尚《なお》一層の精進《しょうじん》を以《も》って大きく躍進し、一天広布《こうふ》の達成へ向けて御奉公をしていかなければならない極めて大事な年であります。

特に、昨今の新型コロナウイルス感染症の世界的蔓延《まんえん》状況を見る時、私共は改めて『立正安国論《りっしょうあんこくろん》』の御聖意《しょうい》を拝し、一人ひとりが確乎《かっこ》たる信念のもと、身軽法重《しんきょうほうじゅう》・死身弘法《ぐほう》の御聖訓《せいくん》を胸に決然として折伏《しゃくぶく》を行じ、この難局を乗り越えていかなければならないと思います。

大聖人は、天変地夭《ちよう》・飢饉《ききん》・疫病《えきびょう》等の根本原因は、世の人々が皆、正法《しょうぼう》を捨てて悪法を信じていることにより、国土を守護すべき諸天善神が去って悪《あっ》鬼《き》・魔神が住みついているためとし、これによって三災七難が起こると述べられ、こうした災難を防ぎ、仏国土《ぶっこくど》を建設するためには、

「汝《なんじ》早く信仰の寸心を改めて速《すみ》やかに実乗の一善に帰《き》せよ」

（御書二五〇ジペー）

と仰せられ、一刻も早く謗法《ほうぼう》の念慮《ねんりょ》を絶《た》ち、「実乗の一善」に帰することであると御諫《おんいさ》められています。

「実乗の一善」とは、大聖人の元意《がんい》は文上の法華経《ほけきょう》ではなく、法華経文底《もんてい》独一本門の妙法蓮華経のことであり、三大秘法の随一、大御本尊のことであります。すなわち、この大御本尊に帰依《きえ》することが国を安《やす》んずる最善の方途《ほうと》であると仰せられているのであります。

〔新年之辞・令和四年一月号4ジペー〕

## ⑬ 果敢《かかん》に破邪顕正《はじゃけんしょう》の折伏《しゃくぶく》を

今日《こんにち》の新型コロナウイルス感染症の根本的原因は、仏法に照らして見る時、邪義邪宗の謗法《ほうぼう》の害毒にあることを知り、私共は尚《なお》一層の強盛《ごうじょう》なる信心を以《も》って果敢《かかん》に破邪顕正《はじゃけんしょう》の折伏《しゃくぶく》を行じ、勇猛精進《しょうじん》していかなければならないと思います。

大聖人は『生死《しょうじ》一大事血脈《けちみゃく》抄』に、

「総じて日蓮が弟子檀那《だんな》等自他彼此《じたひし》の心なく、水魚《すいぎょ》の思ひを成《な》して異体同心にして南無妙法蓮華経と唱へ奉る処《ところ》を、生死一大事の血脈とは云《い》ふなり。然《しか》も今《いま》日蓮が弘通《ぐずう》する処の所詮是《これ》なり。若《も》し然らば広宣流布《こうせんるふ》の大願も叶《かな》ふべき者か。剰《あまつさ》へ日蓮が弟子の中に異体異心の者之有《これあ》れば、例せ

ば城者《じょうしゃ》として城を破《やぶ》るが如《ごと》し」（御書五一四ジペー）

と仰せであります。

私共はこの御聖訓《せいくん》を体し、各講中とも異体同心・一致団結して今日の難局に立ち向かい、愈々《いよいよ》勇猛精進し、以って一天広布《こうふ》と各人の一生成仏《じょうぶつ》を果たされますよう心から念じ、新年の挨拶といたします。

〔新年之辞・令和四年一月号5ジペー〕

## ⑭ 南無妙法蓮華経と唱えることが肝要《かんよう》

大聖人の観心の上から申せば、末法《まっぽう》に入って、久遠《くおん》の本仏たる宗祖日蓮大聖人が御出現あそばされ、久遠の本法たる南無妙法蓮華経を下種《げしゅ》せられたことによって、衆生《しゅじょう》は己心《こしん》の一念三千を見ることができるようになったのであります。

つまり釈尊の仏法は、熟脱《じゅくだつ》の法なるが故に応病与楽の説法で、機情誘引《きじょうゆういん》により機の熟するに随《したが》って法華経《ほけきょう》を説かれ、寿量品によって久遠実成《じつじょう》の仏を開顕されたのに対して、大聖人の仏法は末法という時によって、久遠の本法たる南無妙法蓮華経を即座に下種され、即身成仏《じょうぶつ》せしめるものであって、そこには善巧《ぜんぎょう》方便も機情誘引も、これらの手段は全くないのであります。

釈尊は衆生の行道・不行道によって種々の法を説き、歴劫修行《りゃっこうぎょう》を説かれたのでありますが、大聖人は『御義口伝《おんぎくでん》』に「今《いま》日蓮等の類《たぐい》南無妙法蓮華経と唱へ奉るは行道なり、唱へざるは不行道なり云云《うんぬん》」と仰せの如《ごと》く、要《よう》は南無妙法蓮華経を唱えることが肝要《かんよう》であり、また一人でも多くの人に南無妙法蓮華経を唱えさせることが大切なのであります。

されば、当品に「衆生をして　無上道に入《い》り　速《すみ》かに仏身を成就《じょうじゅ》することを得せしめん」と仰せられた御文を拝する時、寿量品文底《もんてい》の妙法蓮華経をもって初めて一切衆生が成仏できることを拝信し、いよいよ強盛《ごうじょう》に自行化他《けた》の信心に励み、一天広布《こうふ》へ向けて精進《しょうじん》していくことが今、最も肝要であります。

〔宗祖日蓮大聖人御大会・令和四年一月号52ジペー〕

## ⑮ 座して広布《こうふ》を語るな

折伏《しゃくぶく》誓願の達成は、私どもが御宝前に固くお誓い申し上げた約束であり、これを反故《ほご》にすることなく、全力を傾注《けいちゅう》して何があっても誓願は達成しなければなりません。

大聖人様は『聖愚問答抄《しょうぐ》』に、

「抑《そもそも》仏法を弘通《ぐずう》し群生《ぐんじょう》を利益《りやく》せんには、先《ま》づ教・機・時《じ》・国《こく》・教法流布《るふ》の前後を弁《わきま》ふべきものなり。所以《ゆえ》は時に正像末《しょうぞうまつ》あり、法に大小乗あり、修行に摂折《しょうしゃく》あり。摂受《しょうじゅ》の時折伏を行ずるも非なり。折伏の時摂受を行ずるも失《とが》なり。然《しか》るに今世は摂受の時か折伏の時か先づ是《これ》を知るべし。摂受の行は此《こ》の国に法華《ほっけ》一純に弘まりて、邪法邪師一人もなしといはん、此の時は山林に交《まじ》はりて観法を修し、五種六種乃至《ないし》十種等を行ずべきなり。折伏の時はかくの如《ごと》くならず、経教《きょうぎょう》のおきて蘭菊《らんぎく》に、諸宗のおぎろ《頤》誉《ほま》れを擅《ほしいまま》にし、邪正肩《かた》を並べ大小先《さき》を争はん時は、万事《ばんじ》を閣《さしお》いて謗法《ほうぼう》を責《せ》むべし、是《これ》折伏の修行なり。此の旨《むね》を知らずして摂折途《みち》に違《たが》はゞ得道は思ひもよらず、悪道に堕《お》つべしと云《い》ふ事、法華《ほっけ》・涅槃《ねはん》に定め置き、天台・妙楽の解釈《げしゃく》にも分明《ふんみょう》なり。是仏法修行の大事なるべし」

（御書四〇二ページ）

と仰せられています。

私どもはこの御金言《きんげん》を拝し、僧俗一致・異体同心し、断固たる決意と勇猛果敢《かかん》なる実践によって、なんとしても仏祖三宝尊《ぶっそさんぼうそん》の御宝前にお誓い申し上げた折伏誓願を達成し、もって広大なる仏恩《ぶっとん》に報《むく》いていかなければなりません。

そのためには、各々一人ひとりが今一度、身軽《しんきょう》法重・死身弘法《ぐほう》の御聖訓《せいくん》を拝し、一意専心、誓願達成へ向けて決然として折伏に打って出ることが肝要《かんよう》であります。座して広布《こうふ》を語るのではなく、勇躍《ゆうやく》として立ち上がり、妙法広布に資していくことが、今こそ肝要であります。

〔十二月度広布唱題会・令和四年一月号54ジペー〕

## ⑯ 身心の諸病の良薬《ろうやく》

今、日本をはじめ世界中が新型コロナウイルス感染症によって騒然《そうぜん》としておりますが、かくなる時こそ、我々は妙法の偉大なる功徳《くどく》を拝信して、一人でも多くの人々に妙法を下種《げしゅ》し、折伏《しゃくぶく》を行じていかなければならないと思います。

大聖人様は『太田左衛門尉《さえもんのじょう》御返事』に、

「法華経《ほけきょう》と申す御《おん》経は身心の諸病の良薬《ろうやく》なり。されば経に云《い》はく『此《こ》の経は則《すなわ》ち為《こ》れ閻浮提《えんぶだい》の人の病《やまい》の良薬なり。若《も》し人《ひと》病有《あ》らんに是《こ》の経を聞くことを得ば病即消滅して不老不死ならん』等云云《うんぬん》」

（御書一二二二ジペー）

と仰せであります。

この御金言《きんげん》を拝する時、今回のコロナ感染症に対しても、私どもは信心を根本に乗りきっていくことが最も大事ではないかと思います。

〔要行寺本堂新築落慶法要・令和四年二月号19ジペー〕

## ⑰ 広大無辺なる功徳《くどく》を拝信して折伏《しゃくぶく》を

『富木尼《ときあま》御前御書』には、

「阿闍世《あじゃせ》王は法華経《ほけきょう》を持《たも》ちて四十年の命をのべ、陳臣《ちんしん》は十五年の命をのべたり。尼ごぜん又《また》法華経の行者なり。御信心は月のまさるがごとく、しをのみつがごとし。いかでか病《やまい》も失《う》せ、寿《いのち》ものびざるべきと強盛《ごうじょう》にをぼしめし、身を持《じ》し、心に物をなげかざれ」（御書九五五㌻）

と仰せであります。

つまり、阿闍世王は法華経を持ちて四十年の寿命を延《の》ばし、また陳臣は十五年の命を延べられたとの御金言《きんげん》を拝する時、私どもは改めて広大無辺なる大御本尊様の功徳《くどく》を拝信し、一意専心、自行化他《けた》の信心に励み、妙法広布《こうふ》に尽くしていくところ、必ずや広大無辺なる御仏智《ぶっち》を拝受できることを確信すべきであります。

されば『持妙法華《じみょうほっけ》問答抄』には、

「寂光《じゃっこう》の都《みやこ》ならずば、何《いづ》くも皆《みな》苦なるべし。本覚の栖《すみか》を離れて何事か楽しみなるべき。願はくは『現世安穏後生善処《げんぜあんのんごしょうぜんしょ》』の妙法を持《たも》つのみこそ、只今生《ただこんじょう》の名聞《みょうもん》後世の弄引《ろういん》なるべけれ。須《すべか》らく心を一にして南無妙法蓮華経と我も唱へ、他をも勧《すす》めんのみこそ、今生人界《にんがい》の思出《おもいで》なるべき」

（同三〇〇㌻）

と仰せであります。

コロナ感染症によって世情混乱し、混迷を極めている今こそ、私どもはこの御金言を拝し、一人でも多くの人達に妙法の広大無辺なる功徳を伝え、折《しゃく》伏《ぶく》に励んでいくことが肝要《かんよう》であろうと思います。

〔要行寺本堂新築落慶法要・令和四年二月号20㌻〕

## ⑱ 折伏《しゃくぶく》して御覧ぜよ

本年「報恩躍進《やくしん》の年」は、仏祖三宝尊《ぶっそさんぼうそん》への御報恩謝徳のもと、僧俗一致・異体同心して、一天広布《こうふ》の達成へ向けて大きく躍進すべき、まことに大事な年であります。

特に、昨今の国内外の情勢を見ますと、新型コロナウイルス感染症の蔓延《まんえん》によって騒然《そうぜん》として、国内外において様々な支障をきたし、大きな障害となっております。しかしながら、かかる時にこそ、私どもは妙法の広大なる功徳《くどく》を拝信し、たとえいかなる難事が惹起《じゃっき》しようとも、異体同心・一致団結し、講中の総力を結集して、決然としてこれを乗り越え、破邪顕正《はじゃけんしょう》の折伏《しゃくぶく》を行じていかなければなりません。

大聖人は『如説《にょせつ》修行抄』に、

「末法《まっぽう》の始めの五百歳には純円一実の法華経《ほけきょう》のみ広宣流布《こうせんるふ》の時なり。此《こ》の時は闘諍堅固《とうじょうけんご》・白法隠没《びゃくほうおんもつ》の時と定めて権実雑乱《ごんじつぞうらん》の砌《みぎり》なり。敵有《かたきあ》る時は刀杖弓箭《とうじょうきゅうせん》を持つべし、敵無《な》き時は弓箭兵杖《ひょうじょう》なにかせん。今の時は権教《ごんきょう》即実教の敵と成《な》る。一乗流布の代《よ》の時は権教有って敵と成る。まぎらはし《紛》くば実教より之《これ》を責《せ》むべし。是《これ》を摂折《しょうしゃく》の修行の中には法華折伏《ほっけしゃくぶく》と申すなり。天台云《い》はく『法華折伏破権門《ごんもん》理』と、良《まこと》に故あるかな。然《しか》るに摂受《しょうじゅ》たる四安楽の修行を今の時《とき》行ずるならば、冬《ふゆ》種子を下《くだ》して益《やく》を求むる者にあらずや。鶏《にわとり》の暁《あかつき》に鳴くは用《ゆう》なり、よい《宵》に鳴くは物怪《もっけ》なり。権実雑乱の時、法華経の御《おん》敵を責めずして山林に閉ぢ篭《こも》りて摂受の修行をせんは、豈《あに》法華経修行の時を失ふべき物怪にあらずや。されば末法今《いま》の時、法華経の折伏の修行をば誰か経文の如《ごと》く行じ給《たま》へる。誰人にても坐《おわ》せ、諸経は無得道堕地獄《だじごく》の根源、法華経独《ひと》り成仏《じょうぶつ》の法なりと音《こえ》も惜《お》しまずよ《呼》

ばはり給ひて、諸宗の人法共に折伏して御覧ぜよ。三類の強敵《ごうてき》来たらん事は疑ひ無し」（御書六七二ジペー）

と仰せであります。

この御文を拝する時、まさしく末法の今の時を「純円一実の法華経のみ広宣流布の時なり」と定められ、かくなる時こそ「誰人にても坐せ、諸経は無得道堕地獄の根源、法華経独り成仏の法なりと音も惜しまずよばはり給ひて、諸宗の人法共に折伏して御覧ぜよ」と仰せられているのであります。

〔元旦勤行・令和四年二月号23ジペー〕

## ⑲ 今こそ 折伏《しゃくぶく》の時

今こそ私どもは、一人ひとりが大御本尊様に対する絶対の確信と断固たる決意を持って、たとえいかなる障魔《しょうま》が行く手を阻《はば》もうが一歩も退《しりぞ》くことなく、決然として破邪顕正《はじゃけんしょう》の折伏《しゃくぶく》を実践し、勇猛果敢《かかん》に一天広布《こうふ》を目指して進んでいかなければなりません。

そしてそのためには、まず講中一結・異体同心の団結が不可欠であります。

されば、大聖人は『異体同心事』に、

「異体同心なれば万事を成《じょう》じ、同体異心なれば諸事叶《かな》ふ事なしと申す事は外典《げてん》三千余巻に定まりて候《そうろう》。殷《いん》の紂《ちゅう》王は七十万騎《き》なれども同体異心なればいくさ《軍》にまけぬ。周の武王は八百人なれども異体同心なればかちぬ。一人の心なれども二つの心あれば、其《そ》の心たが《違》いて成ずる事なし。百人千人なれども一つ心なれば必ず事を成ず。日本国の人々は多人なれども、同体異心なれば諸事成ぜん事かたし。日蓮が一類は異体同心なればば、人々すくなく候《そうら》へども大事を成じて、一定法華経《いちじょうほけきょう》ひろまりなんと覚へ候。悪は多けれども一善にかつ事なし」（御書一三八九ジペー）

と仰せられているのであります。

まさしく、私どもの信心にとって異体同心の団結がいかに大事であるかを一人ひとりが銘記《めいき》され、改めて講中一結・異体同心の固い団結をもって、記念局の本年度のポスターにある「報恩躍進《やくしん》の年　今こそ折伏の時」との標語のままに、勇猛果敢に折伏を行じ、仏祖三宝尊《ぶっそさんぼうそん》への御報恩謝徳とされますよう心からお願いし、本日の挨拶といたします。

〔元旦勤行・令和四年二月号25ジペー〕

## ⑳必ず広宣流布《こうせんるふ》の大願はかなう

本年は「報恩躍進《やくしん》の年」として、我ら一同、仏祖三宝尊《ぶっそさんぼうそん》への御報恩謝徳のもと、僧俗一致・異体同心して、一天広布《こうふ》へ向けて大きく前進すべき、まことに大事な年であります。

なかんずく、今日《こんにち》、新型コロナウイルス感染症の蔓延《まんえん》によって、日本をはじめ世界中が騒然《そうぜん》として、各所で様々な支障と混乱をきたし、大きな障害となっておりますが、かかる時にこそ、私どもは『立正安国論《りっしょうあんこくろん》』の御聖意《しょうい》を拝し、一人ひとりがしっかりと自行化他《けた》の信心に住して、妙法の広大無辺なる功徳《くどく》を拝信し、たとえいかなる困難が立ちはだかろうが、決然として仏国土《ぶっこくど》の建設を目指して、破邪顕正《はじゃけんしょう》の折伏《しゃくぶく》を行じていかなければならないと思います。

しこうして、そのために我々がなすべき大事なことは、異体同心の団結であります。

大聖人は『生死《しょうじ》一大事血脈抄《けちみゃくしょう》』に、

「総じて日蓮が弟子檀那《だんな》等自他彼此《じたひし》の心なく、水魚《すいぎょ》の思ひを成《な》して異体同心にして南無妙法蓮華経と唱へ奉る処《ところ》を、生死一大事の血脈とは云《い》ふなり。然《しか》も今《いま》日蓮が弘通《ぐずう》する処の所詮是《これ》なり。若《も》し然らば広宣流布《こうせんるふ》の大願も叶《かな》ふべき者か」（御書五一四ジペー）

と仰せであります。

異体同心の団結をもってすれば、必ず広宣流布の大願はかなうとの御金言《きんげん》を、今こそ一人ひとりがしっかりと心肝《しんかん》に染め、講中一結・異体同心、志を一つに勇躍として折伏を実践していくことが肝要《かんよう》であります。

〔一月度広布唱題会・令和四年二月号27ジペー〕

## ㉑ 異体同心の団結が図られているか

もし講中が思うように折伏《しゃくぶく》が進んでいないとすれば、はたして異体同心の団結が図られているか否《いな》かをチェックして、改善を図っていくことが必要であります。

されば『弁殿御消息《しょうそく》』には、

「しかるになづき《頭脳》をくだき《砕》ていのる《祈》に、いまゝでしるし《験》のなきは、この中に心のひるがへる人の有るとをぼへ候《そうろう》ぞ」（御書九九八㌻）

と、頭が砕《くだ》けるほどに祈りに祈っても、験《しるし》がないのは「この中に心のひるがへる人」すなわち、異体異心の者がいるからであると大聖人は仰せられているのであります。

私達の信心において、いかに異体同心の団結が大事であるかを改めて銘記《めいき》すべきであります。

〔一月度広布唱題会・令和四年二月号28ジペー〕

## ㉒全講中が一丸となれ

大聖人は『異体同心事』に、

「日本国の人々は多人なれども、同体異心なれば諸事成《じょう》ぜん事かたし。日蓮が一類は異体同心なれば、人々すくなく候《そうら》へども大事を成じて、一《いち》定法華経《じょうほけきょう》ひろまりなんと覚へ候《そうろう》。悪は多けれども一善にかつ事なし」

（御書一三八九㌻）

と仰せであります。

この御文は皆様方も常々、聞いているお言葉と思いますが、私どもの信心においては極めて大事な御教示であり、しっかりと心に刻み込んでいかなければなりません。

されば今、改めて広布《こうふ》の戦いにおいて、いかに異体同心の団結が肝要《かんよう》であるかを一人ひとりが銘記《めいき》され、老若男女《ろうにゃくなんにょ》、役職を問わず、全講中が一丸となり、異体同心・一致団結して勇猛果敢《かかん》に折伏《しゃくぶく》に打って出て、必ずや御宝前にお誓い申し上げました折伏誓願を達成され、もって広大なる仏恩《ぶっとん》に報《むく》い奉るよう心からお祈りし、本日の挨拶といたします。

〔一月度広布唱題会・令和四年二月号29ジペー〕

## ㉓ 折伏《しゃくぶく》は仏様から与えられた尊い使命

そもそも、折伏《しゃくぶく》は仏様から与えられた尊い使命であります。

されば『聖愚《しょうぐ》問答抄』には、

「時に正像末《しょうぞうまつ》あり、法に大小乗あり、修行に摂折《しょうしゃく》あり。摂受《しょうじゅ》の時折伏を行ずるも非なり。折伏の時摂受を行ずるも失《とが》なり。然《しか》るに今世は摂受の時か折伏の時か先《ま》づ是《これ》を知るべし。摂受の行は此《こ》の国に法華《ほっけ》一純に弘まりて、邪法邪師一人もなしといはん、此の時は山林に交《まじ》はりて観法を修し、五種六種乃至《ないし》十種等を行ずべきなり。折伏の時はかくの如《ごと》くならず、経教《きょうぎょう》のおきて蘭菊《らんぎく》に、諸宗のおぎろ《頤》誉《ほま》れを擅《ほしいまま》にし、邪正肩《かた》を並べ大小先《さき》を争はん時は、万事《ばんじ》を閣《さしお》いて謗法《ほうぼう》を責《せ》むべし、是《これ》折伏の修行なり。此の旨《むね》を知らずして摂折途《みち》に違《たが》はゞ得道は思ひもよらず、悪道に堕《お》つべ

しと云《い》ふ事、法華・涅槃《ねはん》に定め置き、天台・妙楽の解釈《げしゃく》にも分明《ふんみょう》なり。是仏法修行の大事なるべし」（御書四〇二ジペー）
と仰せであります。

この御文は皆様も常々拝聴して、よく知っているところの御教示でありましょうが、私どもはこの御文を拝し、また記念局の本年度のポスターに記載されている「今こそ　折伏の時」との標語を見て、コロナ感染症の蔓延《まんえん》によって世の中が騒然《そうぜん》としている今こそ、講中挙げて全力で破邪顕正《はじゃけんしょう》の折伏を行じ、謗法の害毒によって苦しんでいる多くの人々に対して、広大無辺なる御本尊様の功徳《くどく》を説き、救っていくことが最も肝要《かんよう》であります。

各位にはこのことを銘記《めいき》され、講中の同志の方々と共に折伏に立ち上がり、本年「報恩躍進《やくしん》の年」を悔《く》いなく戦いきり、仏祖三宝尊《ぶっそさんぼうそん》へ御報恩申し上げられますよう心からお祈りし、はなはだ粗略《そりゃく》ながら、一言もって本日の挨拶といたします。

〔唱題行（一月二日）・令和四年二月号31ジペー〕

## ㉔ 大聖人様の教えを持《たも》ってしか、幸せになれない

今、日本をはじめ世界各国で新型コロナウイルス感染症が蔓延《まんえん》しております。そうしたなかであっても、私達は折伏《しゃくぶく》の戦いをしていくわけであります。今回のコロナ感染症の様々な状況を見ますと、日本のみならず世界中でたいへん大きな被害が出ていますが、そのなかで実は私達の折伏の上にもその影響が出ておりまして、昨年の折伏成果を見ますと、コロナ禍《か》によって従来よりも少し落ちている状況であります。

されば今こそ、大聖人様の「正《しょう》を立てて国を安《やす》んずる」という『立正安国論《りっしょうあんこくろん》』の御精神を私達はもう一度、しっかりと心肝《しんかん》に染めていくことが大事であると思います。まさに、あの混乱を極めた時代に大聖人様が何を御指南あ

そばされたのかということを私達は心に刻んで、一人ひとりが立正安国の精神で折伏に立ち上がっていかなければならないと思います。

皆様方におかれては重々御承知のことと思いますが、このことをお帰りになりましたら、地方部の皆さんにもお伝えして、一心同体、みんなで破邪顕《はじゃけん》正《しょう》の折伏に精進《しょうじん》せられますよう、お話ししていただきたいと思います。

大聖人様の教えを持《たも》ってしか、真の世界平和も、人々の幸せも生ずることはありません。この原理・原則をもう一度、私達一人ひとりが胸に刻んで、本年度の折伏戦を展開していただきたいと思います。

〔法華講新年初登山代表信徒お目通り・令和四年二月号33ジペー〕

## ㉕世の中が乱れる最大の原因

大聖人様は『聖愚《しょうぐ》問答抄』に、

「経教《きょうぎょう》のおきて蘭菊《らんぎく》に、諸宗のおぎろ《頤》誉《ほま》れを擅《ほしいまま》にし、邪正肩《かた》を並べ大小先《さき》を争はん時は、万事《ばんじ》を閣《さしお》いて謗法《ほうぼう》を責《せ》むべし、是《これ》折伏《しゃくぶく》の修行なり。此《こ》の旨《むね》を知らずして摂折《しょうしゃく》途《みち》に違《たが》はゞ得道は思ひもよらず、悪道に堕《お》つべしと云《い》ふ事、法華《ほっけ》・涅槃《ねはん》に定め置き、天台・妙楽の解釈《げしゃく》にも分明《ふんみょう》なり。是仏法修行の大事なるべし」（御書四〇二㌻）

と仰せであります。

今、末法《まっぽう》は人心が乱れ、人心が乱れるから世の中が乱れ、世の中が乱れると、それが広く国土世間に及び、疫病《えきびょう》・旱魃《かんばつ》・大雨・大風等の異変が起き、それがまた要因となって人心が乱れ、世の中が乱れ、一国が皆、無間《むけん》大城の苦しみを受けることになるのであります。

では、世の中が乱れ、人心が乱れる最大の原因は何かと言えば、これは間違った思想や宗教、すなわち邪義邪宗の謗法の害毒によるのであります。

故に大聖人様は『秋元御書』に、

「謗法の者其《そ》の国に住すれば其の一国皆《みな》無間大城になるなり」

（同一四五〇ジペー）

と仰せられているのであります。

ここに今、私どもが総力を結集して謗法を対治し、折伏を行じていかなければならない、大事な理由が存しているのであります。

〈唱題行（一月三日）・令和四年二月号36ジペー〉

## ㉖ 信心とは実践

大聖人様は『阿仏房尼《あま》御前御返事』に、

「相構《あいかま》へて相構へて、力あらん程は謗法《ほうぼう》をばせ責めさせ給《たま》ふべし」

（御書九〇七ジペー）

と仰せであります。

私どもはこの御金言《きんげん》を心肝《しんかん》に染め、一人ひとりが真の勇気を持って折伏《しゃくぶく》に励み、謗法の害毒によって不幸に喘《あえ》ぐ多くの人々を一人でも多く救っていかなければなりません。

大聖人様は『一念三千法門』に、

「百千合はせたる薬も口にのまざれば病《やまい》も愈《い》えず。蔵に宝を持《も》てども開く事を知らずしてかつへ、懐《ふところ》に薬を持ちても飲まん事を知らずして死するが如《ごと》し」（同一一〇ジペー）と仰せであります。

信心とは実践であります。本年こそ、私ども一人ひとりがこの御金言を拝し、全力を傾注《けいちゅう》して折伏を行じ、全国の全支部が一支部も残ることなく折伏誓願を達成し、もって広大無辺なる仏恩《ぶっとん》にお応えくださるよう心からお願いし、本日の挨拶といたします。

〔唱題行（一月三日）・令和四年二月号37ジペー〕

## ㉗ 期《き》するところは仏国土《ぶっこくど》実現

『立正安国論《りっしょうあんこくろん》』は今を去る七百六十二年前、文応元(一二六〇)年七月十六日、宗祖日蓮大聖人御年《おんとし》三十九歳の時、宿屋左衛門《やどやさえもん》入道を介《かい》して時の最高権力者・北条時頼《ときより》に提出された、国主への諫暁書《かんぎょうしょ》であります。

すなわち『立正安国論』は、大聖人様が、日本国の上下万民が謗法《ほうぼう》の重科によって、今生《こんじょう》には天変地夭《てんぺんちよう》・飢饉《ききん》・疫癘《えきれい》をはじめ、自界叛逆《ほんぎゃく》難・他国侵逼《しんぴつ》難等の重苦に責《せ》められ、未来には無間《むけん》大城に堕《お》ちて阿鼻《あび》の炎にむせぶことを悲嘆《ひたん》せられ、末法《まっぽう》の御本仏としての大慈大悲をもって、北条時頼ならびに万民を御諫《おんいさ》めあそばされたところの折伏《しゃくぶく》諫暁書であります。そして、国家の治乱興亡《こうぼう》を透視《とうし》し、兼知《けんち》し給《たま》う明鏡《みょうきょう》にして、過去・現在・未来の三世を照らし

て曇りなく、まさしく、

「白楽天《はくらくてん》が楽府《がふ》にも越へ、仏の未来記にもをとら《劣》」（御書一〇五五ページ）ざる書であります。

しこうして、その期《き》するところは仏国土《ぶっこくど》実現であります。爾前迹門《にぜんしゃくもん》の謗法を捨てて「実乗の一善」すなわち、法華経《ほけきょう》本門寿量品文底《もんてい》独一本門の妙法蓮華経にして三大秘法の随一、本門の本尊に帰依《きえ》することが最善の方途《ほうと》であると仰せられているのであります。

しかるに、これに反して、いまだ多くの人々は、天変地夭・飢饉・疫癘あるいは戦争をはじめ、世の中の混乱と不幸と苦悩を招いている根本原因が、実は間違った教え、間違った思想、すなわち謗法の害毒にあることが解らず、特に今回のような新型コロナウイルス感染症と仏法との関係性については深く知るよしもなく、ただ不安を募らせ、喧噪《けんそう》を極めるばかりであります。

大聖人様は『諸経と法華経と難易の事』に、

「仏法やうやく顛倒《てんどう》しければ世間も又濁乱《またじょくらん》せり。仏法は体《たい》のごとし、世間はかげのごとし。体曲《ま》がれば影なゝめなり」（同一四六九ジペー）

と仰せであります。

すなわち、天変地夭や疫病を含め、世の中が混乱する原因は、一にかかって仏法を正しく理解できず、正法を誹謗《ひぼう》し、悪法を信じているが故であると御教示あそばされているのであります。悪法を信ずれば、まず人心が乱れ、人心が乱れれば国土世間にまで大きな影響を及ぼすことになるのであります。

〈唱題行（一月三十一日）・令和四年三月号21ジペー〉

## ㉘正報と依報《え》は一体不二

大聖人様は『瑞相御書《ずいそうごしょ》』に、

「夫《それ》十方は依報《え》なり、衆生《しゅじょう》は正報なり。依報は影のごとし、正報は体《たい》のごとし」（御書九一八㌻）

と仰せられているのであります。

すなわち、仏法においては依正不二の原理が説かれておりまして、主体たる正報と、その依《よ》りどころたる依報とが一体不二の関係にあることを明かされているのであります。よって、正報たる我ら衆生のあらゆる用《はたら》きがそのまま、依報たる国土世間へ大きく影響を及ぼしているのであります。

故に『瑞相御書』には、

「人の悦《よろこ》び多々なれば、天に吉瑞《きちずい》をあらはし、地に帝釈《たいしゃく》の動《うごき》あり。人の悪心盛《さか》んなれば、天に凶変、地に凶夭出来《しゅったい》す」（同九二〇ジペー）

と仰せられているのであります。

この依正不二の原理は、凡夫《ぼんぶ》の知恵をもってしては到底、計り知ることのできない仏様の智慧であり、三世十方を通覧せられて明かされた、御本仏の透徹《とうてつ》された絶対の知見《ちけん》であります。したがって、御本仏の絶対的知見によって明かされたこの依正不二の大原則を無視して、今日《こんにち》の如《ごと》き混迷を極める惨《さん》状《じょう》を救い、真の解決を図ることはできないのであります。

〔唱題行（一月三十一日）・令和四年三月号22ジペー〕

## ㉙ 間違った教えは一国をも地獄《じごく》に堕《お》とす

『立正安国論《りっしょうあんこくろん》』の正意《しょうい》に照らせば、正報たる我ら衆生《しゅじょう》が一切の謗法《ほうぼう》を捨てて、実乗の一善たる三大秘法の随一、本門の本尊に帰依《きえ》するならば、その不可思議、広大無辺なる妙法の力用《りきゆう》によって、我ら衆生一人ひとりの生命が浄化され、それが個から全体へ、衆生世間に及び、社会を浄化し、やがて依報《え》たる国土世間をも変革して、仏国土《ぶっこくど》と化《か》していくのであります。

反対に、我ら衆生の生命が悪法によって濁《にご》れば、その濁りが国中に充満して、依報たる国土の上に様々な変化を現じ、天変地夭《てんぺんちよう》となって現れるのであります。

されば、大聖人様は『立正安国論』に、

「早く天下の静謐《せいひつ》を思はゞ須《すべから》く国中の謗法を断《た》つべし」(御書二四七ジペー)

と御指南あそばされているのであります。

邪義邪宗の間違った教えは、個人を無間《むけん》大城に堕《お》とすのみならず、一国をも世界をも地獄《じごく》に堕とすことになるのであります。この邪義邪宗の謗法を対治し、塗炭《とたん》の苦しみに喘《あえ》ぐ多くの人々を救い、仏国土《ぶっこくど》実現を果たしていく最善の方途《ほうと》こそ折伏《しゃくぶく》であります。

『立正安国論』の精神も、要《よう》は折伏を実践するところにあり、したがって「立正」の二字には破邪顕正《はじゃけんしょう》の意義が存しているのであります。

されば、今日《こんにち》の新型コロナウイルス感染症の蔓延《まんえん》を目《ま》の当たりにする時、今こそ我ら本宗僧俗は、一人でも多くの人々に妙法を下種《げしゅ》し、もって全人類の幸せと全世界の平和を実現すべく、一天広布《こうふ》を目指して、たくましく前進していくことが最も肝要《かんよう》であろうと思います。

〔唱題行(一月三十一日)・令和四年三月号23ジペー〕

## ㉚ 大聖人御出現の目的

日蓮大聖人様は、貞応元《じょうおう》（一二二二）年二月十六日、法華経《ほけきょう》において予証せられた通り、外用上行菩薩《げゆうぼさつ》、内証久遠元初自受用身《くおんがんじょじじゅゆうしん》の御本仏として末法《まっぽう》に御出現あそばされました。

その御出現の目的は、久遠元初の妙法蓮華経をもって、末法本未有善《ほんみうぜん》の衆《しゅ》生《じょう》をして、ことごとく仏道に入《い》らしめ、即身成仏《じょうぶつ》せしめるためであります。

しかるに、世間の多くの人達は、謗法《ほうぼう》の害毒によって正しい法を見失い、塗炭《とたん》の苦しみに喘《あえ》いでいるのが現状であります。

こうした苦悩に喘ぐ人々に、正しい大聖人様の仏法を説き、折伏《しゃくぶく》をしていくことが、今日《こんにち》、我々に課せられた、まことに大事な使命であります。

大聖人様は『立正安国論《りっしょうあんこくろん》』に、
「倩微管《つらつらびかん》を傾け聊《いささか》経文を披《ひら》きたるに、世皆正《みなしょう》に背《そむ》き人悉《ことごと》く悪に帰《き》す。故に善神国《くに》を捨てゝ相《あい》去り、聖人所《ところ》を辞して還《かえ》らず。是《こ》を以《もっ》て魔《ま》来たり鬼《き》来たり、災《さい》起こり難《なん》起こる。言はずんばあるべからず。恐れずんばあるべからず」(御書二三四㌻)
と仰せられ、世の中が乱れ、人々が不幸と混乱と苦悩に喘いでいる根本原因は、邪義邪宗の謗法の害毒にあり、この謗法の対治なくして、人々の幸せも、世の中の平和も、国土の安穏《あんのん》も実現することはできないと仰せられているのであります。

ここに今、私どもが全力を傾注《けいちゅう》して、折伏を行じていかなければならない大事な理由が存しているのであります。

〔二月度広布唱題会・令和四年三月号26㌻〕

## ㉛ 末法《まっぽう》の荒凡夫《あらぼんぶ》でも必ず救済できる

『唱法華題目抄《しょうほっけだいもくしょう》』には、

「末代には善無《な》き者は多く善有《あ》る者は少なし。故に悪道に堕《だ》せん事《こと》疑ひ無し。同じくは法華経《ほけきょう》を強《し》ひて説き聞かせて毒鼓《どっく》の縁と成《な》すべきか。然《しか》れば法華経を説いて謗縁《ぼうえん》を結ぶべき時節なる事諍《あらそ》ひ無き者をや」

（御書二三一ジペー）

と仰せであります。

この「毒鼓の縁」とは、既《すで》に皆様も御承知の通り、毒薬を塗《ぬ》った太鼓《たいこ》を打つと、その音を聞くすべての者が死ぬと言われており、たとえ法を聞いて反対しても、やがて煩悩《ぼんのう》を断じて得道できることを毒鼓、つまり毒を塗った太鼓を打つことに譬《たと》えているのであります。

すなわち、一切衆生《しゅじょう》には皆、仏性《ぶっしょう》が具《そな》わっており、正しい法を聞き、発《ほっ》心《しん》・修行することによって成仏《じょうぶつ》できると言っているのであります。つまり、たとえ末法本未有善《まっぽうほんみうぜん》の荒凡夫《あらぼんぶ》であったとしても、三大秘法の南無妙法蓮華経を聞かせることによって、正法《しょうぼう》と縁を結ばせ、必ず救済することができるのであります。

されば『法華初心成仏抄』には、

「仏になる法華経を耳にふれぬれば、是《これ》を種《しゅ》として必ず仏になるなり。されば天台・妙楽も此《こ》の心を以《もっ》て、強《し》ひて法華経を説くべしとは釈し給《たま》へり。譬へば人の地に依《よ》りて倒れたる者の、返って地をおさへて起《た》つが如《ごと》し。地獄《じごく》には堕《お》つれども、疾《と》く浮かんで仏になるなり。当世《とうせい》の人何《なに》となくとも法華経に背《そむ》く失《とが》に依りて、地獄に堕ちん事疑ひなき故に、とてもかくても法華経を強ひて説き聞かすべし」（同一三一六ジペー）

と仰せられ、末法今時《こんじ》の本未有善の衆生に対しては、なんとしてでも法華経、すなわち本因《ほんにん》下種の妙法蓮華経を強いて説くべきであると仰せられているのであります。

すなわち、邪義邪宗の害毒によって混乱を極めている今時《こんじ》末法においては、像法過時《ぞうぼうかじ》の如き摂受《しょうじゅ》ではなく、折伏《しゃくぶく》をもって謗法《ほうぼう》を対治することが、いかに大事であるかを御教示あそばされているのであります。

〔二月度広布唱題会・令和四年三月号27ジペー〕

総本山第六十八世御法主日如上人猊下

# 御指南集 三十

令和4年6月15日　初版発行

編集・発行／株式会社 大 日 蓮 出 版
静岡県富士宮市上条546番地の1

印　　刷／株式会社 きうちいんさつ



ISBN978-4-910458-09-0